22 décembre 1864

VENTE LOUIRETTE

OBJETS

DE PREMIER ORDRE

DE LA CHINE & DU JAPON

Vente le 22 Décembre 1864

Me CHARLES PILLET, Commissaire-Priseur.
M. FEBVRE, Expert.

RENOU ET MAULDE

IMPRIMEURS DE LA COMPAGNIE DES COMMISSAIRES-PRISEURS

Rue de Rivoli, 144.

VENTE LOUIRETTE

CATALOGUE

D'OBJETS

De Premier Ordre

DE LA CHINE & DU JAPON

Meubles ornés de plaques en porcelaine; Émaux cloisonnés; belles Porcelaines de l'époque des Myngs; Coupes et Vases en jade blanc; beaux Bronzes damasquinés d'or et d'argent; grandes Pièces en lapis-lazuli, agates; Boîtes en vieux laque;

DONT LA VENTE AURA LIEU

HOTEL DES COMMISSAIRES-PRISEURS

Rue Drouot, n° 5

SALLE N° 1

Le Jeudi 22 Décembre 1864, à une heure et demie précise

Par le ministère de **Me CHARLES PILLET**, Commissaire-Priseur, rue de Choiseul, 11,

Assisté de **M. FEBVRE**, Expert, rue Laffitte, 12,

Chez lesquels se distribue le présent Catalogue.

EXPOSITIONS { PARTICULIÈRE : le Mardi 20 Décembre / PUBLIQUE : le Mercredi 21 Décembre } de 1 heure à 5 heures

PARIS — 1864

CONDITIONS DE LA VENTE

Elle sera faite au comptant.

Les Acquéreurs paieront CINQ POUR CENT, en sus des adjudications, applicables aux frais.

Au moment de repartir pour la Chine, M. LOUIS LOUIRETTE va faire une dernière vente des objets de haute curiosité rapportés par lui de ce pays. C'est en faire un grand éloge que de déclarer qu'ils sont égaux comme choix et comme importance à ceux que nous avons livrés aux enchères les 1er et 2 mars de cette année, vente exceptionnelle, qui fut à juste titre favorablement accueillie par le monde amateur. Citons parmi de nombreux chef-d'œuvres, une jardinière en émail cloisonné d'un modèle que nous croyons unique, de beaux meubles ornés de nombreuses plaques de porcelaine d'un charmant effet et d'une grande richesse. Des émaux cloisonnés d'une grande importance parmi lesquels on distinguera un brûle-parfums admirable, spécimen d'un art spécial à la Chine et qui n'existe plus, des porcelaines presque toutes de la dynastie des Myngs, au milieu desquelles brillent quelques vases d'une rare beauté ; enfin, de grandes pièces en lapis-lazuli, des vases de jade blanc, matière qui devient de plus en plus rare, et quelques échantillons de vieux laques viennent compléter un ensemble, qui, nous l'espérons, attirera l'attention des connaisseurs, qui leur offre une rare occasion de choisir pour leurs collections des pièces de premier ordre.

A. Febvre.

DÉSIGNATION

DES OBJETS

MEUBLES

1 — Deux magnifiques meubles à quatre vantaux en bois noir et de Courbari, avec sculptures et filets dorés, chaque meuble est décoré de vingt-trois plaques en porcelaine émaillée; les quatre plus grandes, de forme rectangulaire, représentent des personnages chinois et des paysages avec cours d'eau, quatre plus petites, des fleurs et des oiseaux, les quinze autres, de riches rinceaux en émaux de couleur.

Hauteur 2 m. 10 c., largeur 1 m 47 c.

2 — Jardinière d'une grande dimens[illegible] de forme rectangulaire; cette pièce, unique [illegible] son genre, est soutenue par deux guerriers à genoux, tiers de nature. Ces personnages sont entièrement émaillés à cloisons, à l'exception des têtes et des mains, qui sont en bronze doré. La jardinière, à bord festonné, est décorée sur les quatre faces de fleurs variées et de rinceaux en tons divers sur bleu turquoise. Sur les vêtements des guerriers dominent les tons verts et bleus.

Longueur totale : 1 mètre 5 c.; hauteur des figures agenouillées, 60 c. Pièce extra.

3 — Grande table en émail cloisonné. Cette pièce a la même importance que la jardinière aux guerriers; sur le dessus est le dragon impérial se jouant au milieu d'arabesques; sur les côtés, des chauves-souris et des rinceaux; pieds droits carrés émaillés, beau décor bleu turquoise et émaux de tons brillants.

Longueur 1 m. 15 c., largeur 37 c., haut. 37 c.

4 — Meuble à hauteur d'appui, orné de plaques en porcelaine, même genre que les armoires.

Hauteur 1 m. 12 c., largeur 84 c.

5 — Table de forme carrée en bois de Siam. Le dessus offre une plaque en émail cloisonné, où sont représentés des accessoires : meubles, vases, fleurs et ustensiles divers; le devant du tiroir est décoré d'une frise également cloisonnée; pieds droits reliés par des grecques sculptées

Hauteur 70 c.

6 — Petit meuble en laque noir et rouge, le devant à deux vantaux, orné de plaques en porcelaine représentant deux personnages chinois; autour, huit panneaux découpés à jour; en bas, tiroir à poignée en bronze doré; les côtés à bandes plates saillantes.

Hauteur 70 c., largeur 45.

ÉMAUX CLOISONNÉS

7 — Grand brûle-parfums à couvercle dômé ; anses élevées à S en bronze doré, reliées à la pièce par des rouleaux cylindriques à jour ; la panse, de forme ronde-bosse, est soutenue par quatre pieds droits non soudés. — Cette pièce splendide par la beauté de la forme, offre un décor exceptionnel : de la base des pieds, les flots de la mer montent jusqu'au milieu de la panse, entre chaque pied s'élève une montagne formant un des points cardinaux du Céleste Empire, dont les divinités protectrices apparaissent au milieu d'un ciel d'azur.—Au haut de la panse, cannelures en bronze doré, dominées par un cercle offrant une frise cloisonnée fond bleu lapis ; sur le couvercle, des chauves-souris et quatre médaillons avec caractères dorés.

8 — Garniture de cinq pièces, composée d'un Ting, de deux vases et de deux flambeaux ; ce bel ensemble est décoré de rinceaux, de rosaces, de grecques brisées et de têtes fantastiques en émaux de couleur sur fond turquoise, et aussi d'arêtes saillantes en bronze doré.

Cette garniture est sans contredit une des plus belles connues. Hauteur 40 c.

9 — Deux éléphants blancs en émail cloisonné, pièces faisant pendants ; les défenses, les oreilles, les harnais et les caparaçons en bronze doré ; ces derniers avec cabochons en pierres fines, et supportant deux vases bleu lapis d'où sortent les tiges de deux étendards mobiles en émaux cloisonnés.

Les éléphants reposent sur des terrasses à galeries en bronze doré, avec godrons en émail bleu.

10 — Grand brûle-parfums octogone, le couvercle dômé est orné de neuf rosaces à jour, les quatre pieds contournés offrent à leurs parties supérieures des têtes d'animaux chimériques en bronze doré ; les anses, très-élégantes, sont formées par des dragons ailés en ronde-bosse, partie en bronze doré et partie en émail cloisonné ; sur les parois huit médaillons avec caractères chinois, rinceaux et chèvrefeuille ; autour du bouton et du couvercle sont trois frises en bronze.

Hauteur 40 c.

11 — Grande gourde à panse aplatie, sur chaque face est un médaillon offrant un paysage avec cours d'eau, où viennent se désaltérer des chèvres ; à droite, un grand arbre derrière lequel apparaît le soleil dans un ciel d'azur.

Les côtés sont ornés de grecques brisées et bleu lapis sur fond turquoise ; anses à jour formées par des grecques également émaillées. Hauteur 40 c.

12 — Vase semi-sphérique à col évasé ; sur un fond turquoise d'un ton fin et profond, se détachent, en émaux de couleur, des papillons et d'autres insectes voltigeant autour de fleurs et de tiges de nénuphar ; sur la panse quatre arêtes saillantes et grecques en bronze doré.

Hauteur 34 c,

13 — Bassin à couvercle plat, forme d'un baril, sur la panse quatre têtes de lions en bronze doré, soutenant des anneaux mobiles, le bouton et les pieds sont formés par des nuages dorés, repercés à jour ; le tout offre, en émaux de couleur, une mer agitée d'où sortent les montagnes sacrées ; en haut, au milieu de nuages de tons divers, sont des chevaux et des chauves-souris.

Hauteur 40 c.

14 Deux jardinières de forme cintrée à trèfles, riche décor de rinceaux et de fleurs en émaux de couleur sur bleu turquoise; frise des contours et pieds en bronze doré; sur les panses quatre filets perpendiculaires également en bronze doré.

Diamètre 30 c.

15 — Grand et magnifique Tyng à quatre pieds contournés reposant sur une terrasse en bronze doré et décorée de fleurs en imitation de pierres de couleurs; anses élevées à jour, couvercle à dôme, surmonté d'une chimère, angles à arêtes saillantes; beau décor en émaux cloisonnés, à six tons, bleu turquoise et lapis, rose, vert foncé et vert clair, offrant des frises et des rosaces avec cartouches à caractères, entourés de chauves-souris.

Hauteur, 70 c.

16 — Petit brûle-parfums sur trois pieds droits attenants, anses à têtes de lions, soutenant des anneaux mobiles; couvercle à rosaces et bouton à jour; décor en émail cloisonné, fond bleu lapis avec pâquerettes en tons variés; en haut, deux frises dont une grecque.

17 — Petit brûle-parfums de forme ovale et lobée, couvercle repercé à jour, et chimère en bronze doré formant bouton; bords plats, pieds formés par des têtes d'éléphants; émail bleu turquoise avec grecques brisées et fleurs en tons variés; en bas du couvercle frise sur fond lapis.

18 — Petite boîte ronde à couvercle, fond bleu lapis, avec décor de fleurs variées; l'intérieur émaillé bleu.

PORCELAINES

19 — Magnifique vase cylindrique de la plus belle fabrication de l'époque des Myngs; il est orné d'un véritable tableau; l'ordonnance de la composition et l'expression des physionomies en font une œuvre de premier ordre; le sujet représente des lettrés dans le palais d'été d'un jeune Empereur, qui, près d'une table et en face d'un professeur, reçoit une leçon, près d'eux un serviteur tient un flambeau; à gauche, groupe de six savants; plus loin, trois petits domestiques à la porte du palais, puis des arbres et des rochers; en haut, deux séries de caractères chinois; au bas du col, frise de fleurs et des papillons.

20 — Beau vase cylindrique de la dynastie des Myngs, décoré d'un fond fleuri encadrant deux médaillons de personnages représentant : l'un, un Fermier et ses serviteurs préparant les ensemencements pour la culture du riz; l'autre, le Magasin d'un négociant et ses ouvriers préparant la vente du même produit; en haut de chaque médaillon sont des caractères chinois indiquant le sujet; autour du col, fond à rosaces avec dragons, puis des cartouches, avec mésange et loriot.

21 — Deux superbes vases de la dynastie des Myngs, fond vert pointillé, rehaussé de fleurs et d'arabesques en émaux de couleur entourant dix cartouches de paysages, de meubles et ustensiles divers.

22 — Grande jardinière de forme évasée ; la circonférence offre en relief et en émaux de couleur un combat de dragons au milieu des flots, en bas des vagues forment une frise verte.

Hauteur, 0m,38. — Diamètre, 0m,60.

23 — Magnifique vase de la dynastie des Myngs ; beau décor à personnages représentant des cavaliers fuyant une ville et poursuivis par des soldats ; sur les remparts l'Empereur, entouré des personnages de la cour.

24 — Deux beaux vases de la dynastie des Myngs ; riche décor de personnages en émaux de couleurs : l'un représente un dignitaire assistant à une course de chevaux montés par des amazones ; l'autre, un mandarin recevant l'investiture de son souverain.

25 — Deux grands éléphants, émail blanc rosé ; les caparaçons, en émaux de couleur, supportent deux vases émaillés sur cuivre, fond bleu, avec fleurs et frises à palmettes.

26 — Deux vases de la dynastie des Myngs ; ils sont de même forme et de même grandeur, mais ils diffèrent par le genre de décor : l'un représente un concert exécuté devant un Empereur et les personnes de sa cour ; l'autre, des fleurs variées et des oiseaux.

27 — Très-beau vase cylindrique orné de onze grandes figures en rouge de cuivre représentant, sur les eaux, le triomphe de la déesse Kouan-yin.

28 — Vase à col étranglé, fond bleu turquoise, translucide, d'une beauté rare ; en haut et en bas, frises à palmettes gravées sous émail ; au centre, autre frise d'arabesques sur fond vanné ; anses à trompes d'éléphants avec anneaux attenant.

29 — Grand vase cylindrique, fond bleu fouetté, sur lequel se détachent quatre grands poissons en rouge de cuivre.

30 — Deux grandes chimères faisant pendants. Pièces fort anciennes imitant le bronze oxydé; les crinières et les queues sont dorées ainsi que les colliers et les grelots suspendus à leurs cous.
Hauteur, 0^m,55.

31 — Vase cylindrique; magnifique décor représentant vingt-deux personnages offrant une composition ayant trait à la vie d'un empereur.

32 — Grande jardinière de forme ronde; l'extérieur représente en émaux de couleur un marécage où croissent des tiges de lotus, au milieu desquelles se jouent des canards sauvages; dans les airs voltigent des oiseaux aquatiques.
Hauteur, 0^m,37. — Diamètre, 0^m,57.

33 — Vase balustre d'une forme élégante et élevée; autour de la panse et du col sont des nuages épais au milieu desquels le dragon impérial se dessine en rouge de cuivre.

34 — Vase cylindrique, fond bleu fouetté, avec médaillons de fleurs et d'oiseaux en émaux de couleur sur fond blanc.

35 — Vase à grosse panse, fond bleu turquoise très-finement craquelé; en bas, une grecque saillante sous émail; plus haut, frise d'arabesques; autour du col, des palmettes; anses formées par deux têtes d'éléphants.

36 — Deux vases forme balustre; les panses avec riche décor de frises, de feuillages, d'insectes et d'oiseaux; dynastie des Myngs.

37 — Garniture composée de trois pièces : Ting sur trois pieds, avec anses élevées à S; puis deux vases ou bouteilles avec cols à bourrelets. Ces trois pièces sont très-richement décorées de rinceaux et de fleurs en émaux de couleur sur fond blanc; règne de Kien-Long.

38 — Brûle-parfums carré, d'une forme monumentale; il se divise en trois compartiments; le couvercle en dôme à pans est surmonté d'une chimère; décor de frises à jour en émaux de couleur où dominent les tons verts et roses.

39 — Grande bouteille ou gourde décorée en émaux de couleur de quatre frises dont deux petites à rosaces, avec quadrilles; les autres plus grandes, avec paysages et animaux : chevaux, bœufs, singes et chimères.

.22

40 — Jardinière semi-ovoïde, la circonférence décorée de marguerites en tons variés et de feuillages; le tout sur fond blanc.

Hauteur, 0m,33. Diamètre, 0,37.

41 — Vase à quatre pans, à col étroit; riche décor fond rose, avec arabesques; sur la face principale sont trois enfants en relief; le plus grand fait la courte échelle à un bambin qui cherche à rejoindre ses camarades perchés au-dessus de lui et qui forment les anses de cette pièce qui date de la dynastie des premiers Tzins.

42 — Vase balustre décoré d'émaux de couleur avec dragons combattant au milieu d'un ciel où éclate la foudre; autour du col, trois frises dont une à palmettes.

43 — Vase cylindrique, fond bleu fouetté, avec deux médaillons en rehauts d'or, représentant des dragons.

44 — Vase cylindrique rouge rubis; fond très-finement craquelé.

45 — Vase balustre. Pièce d'une belle fabrication; décor fond bleu soufflé, moucheté violet.

46 — Deux jardinières fond bleu turquoise très-finement craquelé.

47 — Vase cylindrique, le haut et le bas avec fond rouge et fleurs émaillées; autour règne une frise de paysage où sont représentés les enfants célèbres.

48 — Vase balustre, de forme élevée, décoré de trois frises, une à palmettes, les autres avec fleurs et paons volant dans les airs.

49 — Bouteille ou gourde, beau décor imitant l'émail cloisonné; jolie pièce de l'époque de Kien-Long.

50 — Vase balustre, fond jaune impérial, avec fleurs et ornements gaufrés sous émail.

51 — Petit vase sphérique, fond bleu avec fleurs en émaux de couleur, anses saillantes à mascarons.

52 — Petit vase ayant la forme d'une feuille de nénuphar, charmante pièce fond bleu turquoise.

53 — Bouteille à trois goulots, ayant l'aspect de trois gourdes accolées, ruban vert en relief formant ceinture, décor de courges blanches et de feuillages verts sur fond jaune.

54 — Brûle-parfums à sommité sphérique et à jour, socle rond avec arcs-boutants également à jour, beau décor de fleurs émaillées avec rehauts d'or.

55 — Charmante petite bouteille à col droit, fond jaune impérial craquelé.

56 — Boite à couvercle, fond blanc, décor bleu offrant quatre frises superposées ; le bouton est formé par une grenade en émaux de couleur.

57 — Deux petits animaux accroupis, fond rouge rubis, zébré blanc.

LAPIS & MATIÈRES DURES

58 — Grande et belle coupe à couvercle en lapis-lazuli, très-finement évidée ; le tour est orné d'une frise à yeux de pélican ; anses à jour, formant socles supportant des têtes de dragons.

59 — Grand rocher en lapis-lazuli ; il est entouré d'arbres ; sur le devant, est une grotte dans laquelle est la déesse Kouan-Yin priant ; au-dessus d'elle voltige une colombe, à ses pieds coule un ruisseau. Hauteur, 0m,23 ; poids, 4 kil. 650 gr.

60 — Vase de forme élevée, panse aplatie, autour de laquelle règne une frise à yeux de pélican ; anses à jour à rinceaux. Hauteur, 0m,15.

61 — Boite ronde à couvercle, le couvercle orné d'entrelacs de rinceaux.

62 — Petite coupe en agate orientale rubannée, belle matière d'un ton jaunâtre transparent.

63 — Autre coupe en agate orientale mamelonnée.

JADES

64 Très-belle et grande coupe ayant la forme d'un rhyton : elle est entourée de frises très-finement sculptées et de quatre salamandres grimpantes en ronde-bosse ; en bas, têtes fantastiques et trompe d'éléphant mordue par une autre salamandre ; pièce antique, belle matière transparente et beau poli. Hauteur, 0m,18.

65 — Vase en jade blanc à couvercle de forme élevée et à panse aplatie ; il est orné de quatre frises, deux avec grecques et les autres à palmettes. Hauteur, 0m,23.

66 — Coupe à couvercle en jade blanc translucide moucheté de tons vert myrthe, matière rare.

67 — Vase en jade blanc, à panse aplatie, orné de tiges et de feuilles de lotus sculptées en relief ; anses à jour. Hauteur, 0m,23.

68 — Coupe en jade blanc, la panse, les anses et le couvercle entièrement repercés à jour ; sculpture très fine offrant des tiges et des fleurs en relief ; socle en jade vert d'un travail semblable à la coupe ; il repose sur une terrasse en bois de fer sculpté, avec médaillons à jour en ivoire vert.

69 — Vase hexagone en jade blanc, le tour avec trois frises sculptées, dont deux à palmettes et une à yeux de pélican ; anses à trompes d'éléphants, avec anneaux mobiles pris dans la masse. Hauteur, 0m,20.

70 — Deux boîtes à couvercle en jade blanc ayant la forme de deux cailles dont le plumage est très-finement gravé.

71 — Deux brûle-parfums en jade blanc sculpté et repercé à jour, représentant des paysages animés de figures. Ces deux pièces se dressent au centre d'une pagode à coupoles accouplées soutenues par huit colonnes en bronze doré reposant sur une plateforme à galerie; le socle et les dômes sont en bois damasquiné d'argent et décorés de frises-appliques en jade blanc et ivoire sculpté.

Pièce de collection. Hauteur, 0^{m},58.

BRONZES

72 — Vase antique chinois de forme ovoïde, pièce d'une fabrication toute particulière; la panse, incrustée d'or et d'argent, offre des arabesques et des losanges qui entourent des motifs avec parties couvertes en émail vert sur une feuille d'argent; anses à têtes de sceptres.

73 — Grand bassin à col étroit, bronze antique chinois orné de quatre frises de grecques incrustées de métal; anses à anneaux mobiles.

74 — Brûle-parfums à trois pieds droits, en bronze chinois; autour sont des trompes d'éléphant et des yeux de pélican, le tout en relief, incrusté d'or et d'argent; anses droites, élevées, à jour, couvercle avec cornaline rouge et blanche, représentant le champignon sacré.

75 — Cloche en bronze chinois avec bandes et clous saillants, soutenue par un anneau en jade blanc; le support, bien sculpté, est en bois noir et d'une forme élégante.

76 — Vase en bronze japonais, fonte à cire perdue; autour sont en relief des grues voltigeant dans les airs; pieds formés par des nuages à jour.

LAQUES

77 — Deux très-belles boîtes en laque rouge de Pékin, décor gravé et en relief offrant des dragons se jouant au milieu des flots, l'intérieur laqué noir avec rehauts d'or.

78 — Belle boîte en bois naturel laqué or, sur le couvercle, rivières et montagnes dominées par des pagodes et des kiosques, fabrique de mya-ko.

79 — Boîte carrée avec contours lobés, laque noir du Japon pointillé d'or, avec paysage, pont et oiseaux en or mat et bruni.

80 — Boîte carrée et plate, fond aventuriné avec paysage, cours d'eau et cigognes en or mat et bruni à deux tons.

81 — Petit meuble, fumoir, pièce à jour, en bas, trois tiroirs, en haut, brazero et récipient à tabac en bronze, décor de paysage en or à deux teintes sur laque noir pointillé d'or.

82 — Deux flacons en verre camée, taillé à la pointe, les cols jaunes et les panses sont ornés de dragons rouges en relief sur couches blanches; très-beau travail.

Renou et Maulde, Imprimeurs de la Compagnie des Commissaires-Priseurs, rue de Rivoli, 144. 36961

www.ingramcontent.com/pod-product-compliance
Ingram Content Group UK Ltd.
Pitfield, Milton Keynes, MK11 3LW, UK
UKHW021044260726
13994UKWH00005B/2346

9 782329 486680